PAS À PAS

Si on m'avait dit...

Marion Helena Maréchal

Copyright © 2020 Marion Helena Maréchal

All rights reserved

The events portrayed in this book are real.

No part of this book may be reproduced, or stored in a retrieval system, or transmitted in any form or by any means, electronic, mechanical, photocopying, recording, or otherwise, without express written permission of the publisher.

ISBN: 9798587279643

Independently published

CONTENTS

Title Page
Copyright
Dedication
Preface
Introduction
La découverte ... 1
La chute libre ... 11
Mon enfer ... 15
Deux fois plus ... 23
Ca n'arrive pas qu'aux autres ... 27
1 mois de vous, de nous ... 31
La vie passe ... 35
Le pouvoir de l'esprit ... 39
3 mois déjà ... 43
Clap de fin ... 47
Remerciements ... 57
About The Author ... 59

Je dédie ce livre à mes deux étoiles qui brillent dans le ciel Tom & Constant, mes deux petits êtres que je chéris tant aujourd'hui dans mon coeur, et qui m'accompagnent dans mon cheminement.

A mon amour, Fabien, merci d'être présent, de m'accompagner, et de subir mes émotions dans ce quotidien si difficile désormais, mais supportable à tes côtés.

A ma famille, qui reste présente malgré tout ce qui se passe.

A mes amis, les plus chers à mes yeux qui se reconnaîtront, pas besoin de les mentionner.

A tous les par'anges.

PREFACE

"... Je peux seulement te dire

Qu'il m'a fallu la peur

Pour être rassuré

Que j'ai connu la douleur

Avant d'être consolé

Qu'il m'a fallu les pleurs

Pour ne plus rien cacher

Que j'ai connu la rancœur

Bien avant d'être apaisé

Tu ne sais pas encore

Ce que je sais par cœur

Ce que je sais par cœur

Beau malheur ..."

Emmanuel Moire - Beau Malheur

INTRODUCTION

J'ai mis au monde deux petits bébés, sans vie. Dans mon inconscient ils étaient beaux, fragiles, tous petits mais juste beaux.

J'ai accouché par voie basse, à 4h10 et 4h12 de deux foetus d'à peine 17 semaines d'aménorrhée un lundi 1er septembre 2020.
J'ai mal à l'heure où j'écris, mal psychologiquement, la douleur physique finit par s'oublier avec le temps. Le corps fait en sorte d'annuler une douleur lorsqu'on se sent soulagé.

Je suis restée quasiment 7 heures sur la table, allongée, au bloc opératoire, probablement une salle de césarienne ou d'accouchement, qu'en sais-je, mais j'étais là. Mon conjoint était là lui aussi, à me tenir la main, tout au long de cette terrible épreuve.

Deux jours post partum, j'ai des flashs qui me reviennent sans cesse. Des images précises qui se dessinent sous mes yeux. Jamais je ne pourrais oublier ces moments angoissants, ces moments de détresse, de peur, de fatigue intense, de douleurs ...

Personne ne doit avoir à subir ce genre de situation dans sa vie, c'est inhumain, c'est insensé. C'est contraire à ce qu'on est, nous autres, des humains.

LA DÉCOUVERTE

A ne pas y croire, contre toutes attentes, le 1er juin 2020 a été un des jours de ma vie que je n'oublierais jamais, le jour où tout a commencé, où un tsunami m'a envahi, où tout est devenu certain et incertain à la fois, où la peur a fait la rencontre de l'excitation.

Quelque chose venait d'apparaître, sur ce bâtonnet tout d'abord, et puis visiblement en moi.

« **POSITIF** »

Oh bordel, c'est positif, je suis sur mes toilettes, j'ai les larmes qui montent, puis de l'excitation puis de l'angoisse, puis je me dis « *mais qu'est-ce que j'ai fait?* », et je pense à ce que mon conjoint va bien pouvoir penser de ça, nous en avions discuter mais jamais j'aurais cru que ça fonctionnerait si vite.

Cela faisait déjà quelques jours que deux de mes copines me taquinaient en disant que j'étais enceinte, mais je leur tenais tête en leur disant que non, que c'était le syndrome pré-menstruel et que mes règles ne devraient sûrement plus tarder étant donné la lourdeur dans la poitrine et les petits maux du bas ventre.

Il faut savoir que le test de grossesse s'est coloré en moins de deux comme on dit, il était noté sur l'emballage d'attendre entre 3 et 5 minutes … 30 secondes plus tard, le trait était bien foncé comme il fallait.

« **POSITIF** »

Ça résonne en moi, je suis contente, je suis paniquée, je ne sais pas quoi faire, alors toujours assise là sur ce toilette, le premier réflexe est d'appeler ma meilleure amie et de lui dire, une visio aux toilettes quoi de mieux ?

Sans grande surprise pour elle, elle me dit qu'elle le savait et que c'était sûr, et s'empresse de savoir comment je vais face à la nouvelle fraîchement découverte.

Comment dire, je ne sais pas en fait, c'est indescriptible ce qu'il se passe dans ma tête.

L'appel ne dure pas longtemps car, mon conjoint allait rentrer d'une minute à l'autre et je tremblais comme une feuille, mes jambes flageolaient et je ne savais pas comment faire.

Est-ce que je devais attendre son anniversaire pour le lui annoncer ou est-ce que je devais lui dire ce soir ? J'étais perdue comme jamais je ne l'ai été.

Le voilà qu'il rentre, il franchit la porte, je m'empresse de cacher le test de grossesse contre ma peau au niveau de l'élastique de ma culotte et de la ceinture de mon pantalon que mon large t-shirt recouvrait.

Il était étonné de me voir à la porte d'entrée, car d'habitude je suis plutôt occupée à faire trente-six choses à la fois ou juste à me prélasser devant la télévision.

Mais j'étais là au pas de la porte, et à peine rentré, je lui dis « *Ecoute, je dois te dire quelque chose, mais je ne sais pas comment te le dire, mais il faut que je te le dise, je ne peux pas garder ça pour moi...* »

Je vois de la panique dans son regard, et c'est alors que pour me rassurer et le rassurer, je sors le test de grossesse et en même temps que je lui montre je dis « *bah voilà, je suis enceinte... sois pas fâché hein* ».

Il rétorque qu'il s'en doutait « *Ha bon ?* » et que c'est bien.

Bon c'est un homme, et les hommes ont tendance à cacher leurs émotions, et pour un homme qui s'apprête à devenir père, c'est assez compliqué dans leur tête à ce moment précis.

Il m'avouera plus tard que ce fut un choc, car c'était concret, c'était réel, mais qu'il était content, mais qu'il a fallu qu'il amortisse le choc en se renfermant quelques jours dans sa bulle.

« *Je suis enceinte, et on va être parents* »

J'ai déjà des images plein la tête et c'est pleine d'émotions que je pars l'annoncer à mes amis les plus proches pour avoir leur soutien et conseil.

Et c'est ainsi que débute cette incroyable aventure de la grossesse.

Le lendemain, je travaillais, et entre deux patients, j'ai été au laboratoire pour qu'on fasse un contrôle de béta HCG, l'hormone qui permet de détecter une grossesse en cours.
Une fois les résultats tombés j'avais un taux à 1091 mUi/mL, ce qui était élevé contrairement à la moyenne en si peu de temps.
J'ai déjà la poitrine qui avait pris du volume, une mini bosse arrondi au bas-ventre, la fatigue qui devenait compliquée à gérer au quotidien, les veines en guise d'autoroutes sur la poitrine. Ce sont les seuls symptômes qui m'ont mis la puce à l'oreille.

A partir de ce moment là, je me suis posée mille et une questions.
C'était le commencement d'un long périple de questions.
J'avais cette étrange impression que ce n'était pas possible qu'il n'y ait qu'un seul embryon dans mon ventre avec ce taux.

On a décidé avec mon conjoint qu'on allait l'annoncer à nos familles mais seulement à nos parents, au pire ce n'est pas bien grave, ils seront à nos côtés si jamais cela se passait mal. Et on a décidé de faire un beau cadeau à nos mamans pour la fête des mères. L'effet était celui attendu, avec des cartes à gratter, à ne pas s'y attendre. Les sourires et les larmes de joie ont accompagné cette annonce si magique, si grandiose.

Il fallait que je constate des changements, j'avais décidé de prendre des photos régulièrement pour voir l'évolution et à la fois garder un souvenir de la grossesse que j'allais avoir.

J'ai également pris rendez-vous chez le médecin pour faire un point et poser quelques questions. Et j'ai également pris rendez-vous chez le gynécologue pour établir une échographie de datation. J'ai eu un rendez-vous le 23 juin. Il fallait donc patienter un peu.

Le rendez-vous chez le gynécologue approchait et j'étais angoissée.
Angoissée d'apprendre une mauvaise nouvelle, angoissée que ce soit un oeuf clair, angoissée qu'il n'y ait rien en fait. J'avais entendu autour de moi trop de choses, trop d'histoires.
Je n'étais pas sereine et je ne l'ai jamais été.

Le 23 juin 2020, l'heure de la première échographie, celle où on voit quelque chose ou rien.
En temps de COVID oblige, mon conjoint n'a malheureusement pas pu m'accompagner.
L'examen débute, tout est parfait, tout se déroule bien et le gynécologue me fait enfin l'échographie, je ne lui cache pas que je suis très anxieuse.
Tout s'affiche sur l'écran, je vois des bulles un peu partout, je ne comprends pas trop ce que je vois. Et puis il zoome, et s'approche d'une poche et en un clique, le battement du coeur se fait retentir. Ça bat très très vite.

« Tout va bien madame, mais ce n'est pas la seule nouvelle que j'ai à vous annoncer »

Je le sentais bien au fond de moi, je savais qu'il allait m'annoncer qu'il y avait un deuxième embryon. Et là, ça n'a pas manqué :

« Il y en a deux »

Ni une, ni deux, sans mauvais jeux de mots, je lui rétorque un *« Oh putain »* et *« Arrêtez-vous là après, pas plus hein »*

Dans ma tête, c'est un peu la fête, je ne sais plus ce que je fais là, ni comment je m'appelle, ni comment je vais gérer ça. Mais, oh mon dieu, deux bébés !
On fait le point sur la date de conception, il pense qu'avec tous les éléments réunis je suis à 7SA et 1 jour soit un début de grossesse aux alentours du 18 mai 2020.

Mon conjoint m'attend dans la voiture en bas de la clinique, et ne se doute à aucun moment de ce qui se passe dans la salle d'échographie. Si seulement il avait pu venir avec moi, il n'en serait pas revenu.

C'est alors qu'après les recommandations du gynécologue et la prochaine date de rendez-vous en main, je retourne à la voiture voir mon cher et tendre.
« Alors ça s'est bien passé tu vois, il a rien dit ? Tout va bien ? »
J'exquise un sourire, et je dis *« Bah oui tout va bien, mais … »* j'ouvre le livret et lui tend l'échographie imprimée *« … il y en a deux »*.
Un mouvement de recul, les yeux écarquillés et le visage crispé :
« DEUUUUUX ! » « Mais deux ! Whouah mais comment on va faire ? »

Toute la route, il n'a fait que répéter que ça, le chiffre deux en boucle.

Après quelques bouffées de chaleur pour tous les deux, nous voilà enfin à la maison dans notre cocon, on peut commencer à planifier beaucoup de choses.

Me voilà donc partie à la recherche d'informations sur les jumeaux, hyper contente et ayant la sensation de vivre quelque chose d'unique, je suis très emballée.

Le gynécologue m'a reprogrammé un rendez-vous quinze jours après soit le 10 juillet où il pourra me dire de quel type de grossesse gémellaire il s'agit.

Mes angoisses refont surface, et les questions sont permanentes et mes amies n'en peuvent plus de me rassurer du mieux qu'elles peuvent. Mais je ne suis pas sereine.

Le ventre se forme tranquillement tandis que le poids se maintient.

J'ai du dégoût pour certains aliments, mais je ne suis pas malade, je n'ai quasiment aucune nausée et je n'ai toujours pas vomi. Je me sens chanceuse, malgré les angoisses grandissantes, je prends sur moi, je n'ai pas le droit de me plaindre, je suis enceinte de jumeaux. Mais quelle aventure suis-je en train de vivre.

Le jour du rendez-vous est vite arrivé finalement, je vais enfin savoir à quel type de grossesse gémellaire je suis conviée.

Je priais de toutes mes forces pour que ce ne soit pas de vrais jumeaux, je sais à quel point il y a de complications, et que c'est risqué. J'ai entendu parlé de nombreuses fois du syndrome transfuseur-transfusé, et non, je préfère éviter. Alors je prie pour tout sauf ça.

Le verdict tombe enfin :

« **GROSSESSE MONOCHORIALE BIAMNIOTIQUE** »

Putain, j'ai de la chance, mes futurs enfants seront identiques sur le plan génétique, se ressembleront comme deux gouttes d'eau, et ce sera obligatoirement soit garçons ou soit filles.

Mais là, je suis encore plus angoissée. Mon coeur vient de se serrer, parce que me voilà enceinte de deux petits êtres que je vais devoir tenter de protéger du mieux que je pourrais, car ce type de grossesse est synonyme de complications et de risques accrus.

Ai-je le droit de me sentir mal ? Ai-je le droit que mon coeur s'emballe au point d'en perdre le tempo ?

Le gynécologue m'explique alors que je vais devoir être suivie de près, tous les 15 jours dès la fin du mois de juillet. Merde ! A la fin du mois de juillet, je pars en vacances, est-ce que ça ira quand même ?

J'ai passé un très bon et beau début de grossesse pour attendre des jumeaux, ça aurait pu être plus compliqué ces premiers mois, mais j'ai travaillé correctement, j'ai continué mes activités, et j'ai fais attention. Je suis partie en vacances en tgv jusqu'aux Gorges du Verdon puis j'ai fais beaucoup de trajet en voiture, et cela ne m'a jamais impacté sur ma santé ou la leur. J'étais chanceuse, mais je craignais sans cesse le pire pour eux. Moi, je passais après eux désormais. C'était eux avant tout. Tout était plus concret plus les jours passaient.

A mon retour de vacances, j'avais l'échographie du premier trimestre à réaliser, celle où normalement on contrôle les anomalies, les divers problèmes et si tout est ok pour bébé en construction.

La gynécologue qui nous a reçu ce jour là n'était pas au courant qu'il s'agissait d'une grossesse gémellaire, premier point négatif pour elle et pour nous.

J'étais déjà angoissée, mais là n'en parlons même plus, je voulais juste savoir si mes bébés allaient bien.

Ouf, leurs coeurs battent toujours, ils sont toujours là. Néanmoins, elle note alors une différence entre les deux petits, mais sans gravité à ce stade de la grossesse. Il faut ensuite passer par la prise de sans afin de détecter si nos bébés seraient porteurs de mauvais gênes, à savoir les trois trisomies que peut dépister la DPNI (Diagnostic Prénatal Non Invasive). Une longue attente s'ensuit.

Un nouveau rendez-vous est programmé quinze jours plus tard avec encore un autre gynécologue, le mien étant en congés pendant un mois. Mon dieu, l'angoisse encore et encore.

Pendant les quinze jours qui ont suivis avant le prochain rendez-vous, notre projet bébé devenait de plus en plus réel et nous nous imaginions déjà monts et merveilles avec nos enfants. Nous avions même eu les résultats de la prise de sang, et tout était parfait. Aucune anomalie pour nos bébés, la DPNI est parfaite.

Nous aurons le droit de voir nos bébés tous les quinze jours jusqu'à la fin de la grossesse, c'est vraiment être privilégiés d'avoir tous ces moments de rencontre avec eux.

LA CHUTE LIBRE

Le prochain rendez-vous, quinze jours après l'échographie du premier trimestre, me voilà arrivée à 14 semaines d'aménorrhée. Un rendez-vous que je redoutais toujours autant, et d'autant plus que ce n'était pas encore mon gynécologue mais son confrère, le mien étant toujours en congés.

Ce rendez-vous a été le début du commencement d'une grande série de questionnements et d'angoisses.

Le gynécologue était très froid, très brute, âgé, et n'en avait clairement rien à faire de ma grossesse, pour lui c'était la routine et mes angoisses n'étaient pas fondées, j'étais juste une femme enceinte avec ses caprices, si je puis dire.

Le rendez-vous a duré en tout et pour tout, quinze minutes, dans le quart d'heure, je compte l'échographie des deux bébés, un mini doppler (*surveillance des échanges au niveau des cordons ombilicaux et du placenta*), une mini 3D de un quart de seconde, et le règlement de 120€ étant en clinique privée.

Durant ce rendez-vous, ce médecin ne nous a pas laissé parler une minute, toujours à nous couper la parole, et en faisant les mesures à la va-vite pour nos bébés, il nous sort un :

« *Il y a quand même un écart au niveau du fémur et du périmètre abdominal, une différence se crée entre les bébés* » … « *Nous suivrons ça la prochaine fois, de toute façon le Dr truc muche vous a expliqué … ?* »

Avant même de répondre non, il avait déjà enchainé sur le fait que nous devions passés dans son bureau pour régler la note.

Sur le chemin il nous parle de « **syndrome transfuseur-transfusé** » mais que nous n'en étions pas là et qu'il était trop tôt pour savoir de toute façon, et que notre gynécologue nous reverra dans quinze jours comme prévu, « *merci, au revoir* ».

La porte se referme et les angoisses ont commencé.

J'étais contente d'avoir vu mes bébés qui bougeaient vraiment bien, où tout allait bien finalement malgré ce petit écart entre eux, c'était des jumeaux mais ils ne pouvaient pas être à égal sur tous les points.

J'ai passé ma journée sur le net à chercher des informations plus approfondies sur ce fameux syndrome et les conséquences, puis j'ai vu :

« RETARD DE CROISSANCE, MORT IN UTERO … »

J'ai paniqué, et j'ai décidé d'aller à l'hôpital de niveau 3 de la métropole afin d'avoir un autre avis médical, j'étais en panique, je tremblais tellement, ma tension devait faire yoyo.

Arrivés aux urgences, mon conjoint n'a évidemment pas pu rentrer avec moi, temps de covid oblige, j'ai donc pris mon courage à deux mains afin d'affronter mes peurs. Après examen, auscultation de médecins, ils m'ont rassuré sur le fait que pour le moment aucun syndrome transfuseur-transfusé n'était à observer à ce stade de la grossesse, mais que si je remarquais la moindre chose, il ne fallait pas que j'hésite à revenir.

Je repars, rassurée, mais pas entièrement, je me suis faite tous les scénarios possibles et inimaginables. Je croise tous les doigts pour que le pire n'arrive pas.

MON ENFER

Deux semaines plus tard, je commençais à voir des changements sur mon corps, au niveau du ventre, il avait pris un peu plus de volume, je me disais que le cinquième mois approchait à grand pas.

Nous avons profité de ce moment pour annoncer au reste des réseaux sociaux la grande nouvelle avec une jolie photo souvenir. Nous étions tellement heureux de pouvoir dire que nous allions êtres parents de jumeaux. De quoi pouvais-je rêver de mieux ?

Le 26 aout, j'ai commencé à avoir de fortes douleurs au niveau du bas ventre à droite, et une bosse qui se formait de temps en temps depuis quelques jours par intermittence, je me disais sagement que les bébés commençaient à se montrer. Je ne comprenais pas trop ce qui se passait.

Le soir du 26 aout, j'ai été boire un verre avec mes collègues pour régler les derniers points concernant mon arrêt maternité que j'avais décidé d'avancer en septembre au lieu de beaucoup plus tard. Car ça commençait à être difficile de travailler « *normalement* ».

Ce soir là, après ce verre, j'avais toujours mal, je ne marchais pas correctement, et en plus de tout ça, on m'a gentiment cassé la fenêtre de ma voiture pour me voler mes affaires de travail, je n'étais pas la seule voiture, et moi qui avait prévu d'aller aux urgences maternité, deux heures à rester pour régler cette histoire, j'ai abandonné, et je suis rentrée chez moi avec mes douleurs, me coucher.

Le lendemain matin, toujours autant mal, mais nous avions un repas, nous étions invités, donc nous verrons cela après le repas. Rien ne passe…
A 16h30 nous prenons la route direction l'hôpital pour aller aux urgences, le début

de l'enfer.

C'est pour moi le pire moment de l'histoire à raconter, ce moment à partir des urgences où je suis arrivée vers 17h et où je ne suis ressortie qu'une semaine plus tard.

Je vais donc vous mettre ci dessous les différents messages dans l'ordre chronologique des événements s'étant produit sur la semaine d'hospitalisation afin que vous compreniez mieux, car c'est vraiment dur de raconter l'entièreté de l'histoire.

Le 26 aout à 21h

« Je suis hospitalisée, je dois prendre une décision qui pourra m'amener soit à garder les jumeaux en santé soit à perdre les deux soit à en avoir un sur les deux. Demain matin, je me fais opérer, je ne sais donc pas ce que l'avenir me réserve pour le coup, donc j'attends de voir et je vous tiendrais informé.
Mais il est quasiment fort probable qu'un des deux bébés ne survive pas et qu'au détriment de l'un, je perde les deux. »

Mauvaise étoile, la malchance, le karma ... Je ne comprends pas ce que je fais là ni pourquoi nous, je suis submergée par la colère et la tristesse.

Le 28 aout à 9h35

« On met fin à la vie du petit bébé qui n'a aucun chance de survie au vue du geste (le laser). Ils proposent une interruption médicale de grossesse pour le plus petit des deux pour essayer de sauver l'autre. Une intervention moins risquée qui sauve-

rait le deuxième. »

Le plus petit bébé ainsi nommé car c'est le jumeau qui était atteint du retard de croissance et qui était en retrait dans le fond de mon utérus.

Je ne savais pas à quelle heure j'allais passais pour le geste médical, on m'avait dit en début d'après-midi.

Il a été décidé de l'interruption médical de grossesse sur le petit bébé et du laser pour sectionner les vaisseaux du cordon ombilical.

Le 28 aout à 19h07

« J'ai été au bloc avec deux spécialistes, il s'agit bien d'un gros retard de croissance chez le plus petit qui n'a quasiment aucune chance de s'en sortir. On est sur un tout début de syndrome transfuseur-transfusé mais le bébé numéro 2 va bien pour le moment. Ils veulent tout faire pour le préserver.

Le geste qui sera envisagé est le laser ou l'interruption sélective de grossesse sur le bébé numéro 1 seulement si on arrive à un stade de grossesse plus avancé, au moins 18 semaines d'aménorrhée.

Les gestes sont trop risqués, ils ont tout mesuré deux fois, et par deux chefs praticiens différents. Ils sont tous les deux d'accord.

Je suis hospitalisée sous surveillance accrue quotidienne des bébés. J'ai des contractions et ça, ça les embête vraiment et je ne peux pas rentrer chez moi. Je dois vraiment rester sous surveillance.

Ils veulent laisser une chance d'évoluer la grossesse pour que les gestes soient plus précis et moins risqués.

Je suis hospitalisée pour une durée indéterminée, sous anti-douleurs et antispasmodiques car à ce stade ils ne peuvent pas arrêter les contractions de la sorte. »

Le 29 aout à 16h51

« Le petit bébé est décédé... Le syndrome transfuseur-transfusé est annulé. Pour le moment aucun signe pour le bébé numéro 2. Le pire à venir est l'anémie, 6 à 8 semaines pour déceler les signes à retardement. Le liquide amniotique se résorbe, il y en a moins, le cerveau a l'air correct, pas d'épanchement autour du coeur. La vessie est à nouveau de taille normale, et il bouge bien. »

Le 30 aout à 11h56

« L'anémie s'est déclarée sur le bébé restant.
Le seul moyen de traiter cela, c'est la transfusion sur le bébé soit par son cordon soit par le péritoine (mais bébé numéro 1 bloque l'accès).
Le professeur de ce matin a appelé et envoyé des messages aux autres professeurs pour avoir un avis sur ce qu'on fait.
Clairement si on ne fait rien, il meurt ou il deviendra handicapé ou mourra d'un AVC (Accident Vasculaire Cérébral). L'accès est compliqué car il est mal positionné. Je suis vide, je n'arrive même plus à pleurer »

Le 30 aout à 19h41

« Le 2eme bébé est décédé, je n'ai pas eu d'intervention, malgré que je sois descendue au bloc. Complications, conséquences du STT, il n'avait plus assez de sang pour survivre. Ils vont tout déclencher pour que j'accouche demain au plus tard. »

Le lendemain, ils me donneront les comprimés pour provoquer les contractions, alors que j'en avais déjà tellement.

« *J'aimerais que tout soit terminé le plus vite possible. J'ai mal physiquement et psychologiquement... le sort s'acharne et j'arrête pas de me demander pourquoi nous ? Qu'est-ce que j'ai loupé ? Qu'est-ce que j'ai fais pour en arriver là ?* »

« *Je n'ai même pas la force de penser à l'après, ça me parait tellement loin et tellement horrible. Je ne sais pas si je me remettrais d'un tel choc et d'une pareille épreuve. Même à mon pire ennemie, je ne lui souhaite pas. On dit toujours que ça n'arrive pas qu'aux autres, mais pourquoi nous ? Pourquoi on nous a choisi nous pour ce terrible scénario ?* »

Le 31 aout à 18h19

« *Je suis remontée du bloc, je ne souhaite à personne de vivre ça ! J'ai la péridurale, j'ai eu des médicaments très puissants car la douleur est infernale. J'ai des tiges aux algues fixées autour de l'utérus pour dilater le col de l'utérus et maintenant je vais avoir d'autres médicaments qui vont provoquer les contractions. Et ensuite, on attend que le travail se fasse et que les bébés partent. J'ai une sonde urinaire et la péridurale, j'ai d'ailleurs fait un malaise pendant la pose. Plus jamais je veux revivre ça !* »

Le 31 aout à 19h05

« *Je n'ai pas le droit de me lever, je suis à l'ouest, c'est compliqué. Qu'est-ce que j'ai fais pour mériter ça ? J'arrête pas de me le demander. La sage femme vient de me donner le comprimé pour les grosses contractions pour expulser les bébés, je vais accoucher dans mon lit … Elles vont venir me voir toutes les heures.* »

« J'ai été seule au bloc toute la journée »

Le 1er septembre à 6h26

« *J'ai accouché, je suis libérée, ça a été long et difficile pour les soignants de me soulager, je suis sous surveillance pour les saignements.* »

Deux garçons, que nous n'avons pas eu le courage de voir de peur d'être choqués, mais que nous imaginons si beaux, si petits.
Tom et Constant ont rejoint les anges, les étoiles, et brillent à présent dans le ciel. Ils veillent sur nous, et nous apprennent beaucoup de choses de là où ils se trouvent.
Ils sont nés à 17 semaines d'aménorrhée.

DEUX FOIS PLUS

J'ai accouché… Ce n'est pas rien.

« Bah tout va bien si tu as accouché ? » …

Je suis en vie, mon amoureux est en vie, mais mes deux bébés sont partis, c'est rien ça ?

J'ai accouché le 1 septembre 2020 de deux bébés sans vie par voie basse, à 17 semaines d'aménorrhée, qui ont perdu la vie injustement alors qu'ils étaient encore dans mon ventre, alors que tout s'était très bien passé pendant le 1er trimestre. Le 2nd a été la débandade, la chute aux enfers.
J'aurais du accoucher en tout logique aux alentours du 19 février, c'est toujours rien ça ?

« C'est pas grave.. », *« c'est dommage »*, *« vous aurez un autre enfant »* ….

Tout cela est vrai, mais tout cela est dérangeant de notre point de vue. Et c'est ce qui était à redouter si on côtoyait du monde à nouveau, ou si les gens venaient nous parler tout simplement.
Les personnes veulent être bienveillantes, mais elles sont abruptes, curieuses, et n'emploient pas les bons mots, et nous, on ne veut pas les froisser, parce qu'on sait que c'est pour essayer de nous rassurer. Mais en fait, ça fait pire que mieux, et c'est réel.

J'ai accouché un lundi matin 1er septembre à 4h10 et 4h12, et je me souviens parfaitement de tous les détails, jusqu'à la luminosité de la pièce du bloc, de chaque personne présente, de leurs mots, de la douleur que je ressentais malgré la péridurale, de chaque fois que j'appuyais sur le bouton pour déclencher la dose d'anti-douleur… Je n'oublie rien, j'essaie d'enfouir et de relativiser avec des choses simples et banales de la vie en ce moment.

La douleur physique finit par s'oublier avec le temps, et ce n'est pas ce qu'il y a de pire, de plus traumatisant. Le corps fait en sorte d'annuler une douleur lorsqu'on se sent soulagé.

Je suis restée quasiment 7 heures sur la table allongée, au bloc opératoire, probablement une salle de césarienne ou d'accouchement, qu'en sais-je, mais j'étais là. Mon conjoint était là lui aussi, à me tenir la main, tout au long de cette terrible épreuve.

Sur les réseaux on montre ce qu'on veut bien montrer, ce n'est pas la « vraie vie » à proprement parlé. On est content de vous montrer les meilleures choses qui nous arrivent, mais on parle trop peu du malheur qui peut s'abattre sur nous, en quelques minutes, quelques heures. Et malheureusement, même si ça peut froisser, ou effrayer certaines personnes, c'est la réalité.

CA N'ARRIVE PAS QU'AUX AUTRES

Je pensais que j'étais intouchable, mais tout peut très vite basculer, même lorsqu'on s'y attend le moins.

Mon instinct ne m'a jamais trompé, pourquoi ? J'en sais rien, je ne réfléchis plus aujourd'hui, je n'écoute que moi, et j'ai raison de m'écouter, sinon ça aurait pu « être pire » (*je ne sais pas*), mais ça aurait été différent disons.

Aujourd'hui, c'est toujours difficile, il y a des jours avec et des jours sans. Des jours où j'ai envie de faire plein de choses, et d'autres où je me demande pourquoi j'en suis arrivée là. Qu'est-ce que j'ai fais pour mériter ça ? Ce sont des questions qui me hantent encore chaque jour. Pourquoi nous ? Pourquoi le ciel nous est-il tombé sur la tête ?

L'impression d'avoir été punie pour une raison que j'ignore. Et même si, au fond de moi, je sais que c'est pas moi, ce n'est pas nous, ces questions sont tout de même là. Un questionnement sans fin, qu'il faut passer outre du plus profond de nous-même.

Nous essayons de voir la vie différemment, sous d'autres coutures. On essaie d'avancer en pensant au futur qui nous attend.

Est-ce que c'est bien de penser au futur ? Est-ce que c'est bien et bon de penser à avoir un autre enfant après ce drame familial ? Est-ce que ce n'est pas passer trop vite à autre chose ? Et les remplacer ?

Nous vivons pour nous, peu importe ce que les gens peuvent penser, surtout pour des choses comme celles-ci. C'est un réel traumatisme, certains ne comprendront toujours pas, car ils ne peuvent sans doute pas se rattacher à des êtres qui n'étaient pas encore sur terre, mais croyez-moi ils étaient bien réels en moi, dans mon ventre.

Cette sensation de vide que j'ai, d'avoir retrouver ce ventre plat, qu'il me manque quelque chose, le sentiment d'être seule, alors que je ne le suis absolument pas.

On essaye de combler le vide, le silence, le néant avec autre chose, mais il faut trouver ce quelque chose. Et j'avoue que ce n'est pas simple.

Je sais qu'il y a un lendemain meilleur, que d'autres épreuves sans doute plus joyeuses sont à venir, mais je ne comprendrais donc jamais cette faille à laquelle nous avons dû faire face.
J'ai envie de retrouver ma joie de vivre, ma motivation à faire 1001 choses.
J'ai envie de construire moi aussi ma famille, et d'être heureuse d'avoir réussie, d'être heureuse de partager avec eux, et le reste de ma famille.
J'ai envie d'offrir la vie et de véhiculer cette image que tout est possible dans la vie, peu importe ce qui se met sur ton chemin, peu importe les obstacles.
Nous en sortirons, je l'espère, vainqueurs de ce drame, de ce malheur.

Je veux pouvoir revoir l'arc-en-ciel qui manque tant à ma vie ces temps-ci.
Un arc-en-ciel si lumineux, si apaisant, qu'il nous comblera de bonheur, je l'espère, des années et des années durant, jusqu'à la mort.

Après la pluie vient le beau temps, alors j'attends que mon tour arrive, patiemment, et je prie chaque jour de toute mes forces pour que mes voeux les plus chers se réalisent.
Après cette épreuve hors du commun, un petit miracle se doit de montrer le bout de son nez.

Si vous avez un coeur, priez pour nous, ou peu importe, envoyez nous juste de bonnes ondes, votre soutien, c'est tout ce qu'on vous demande, d'être présents sans trop en dire. Restez vous-mêmes, on vous aime comme ça.

NB : nous n'en voulons à personne, la réaction de chacun est humaine, ça prouve que vous êtes bienveillants. Envoyez-nous votre amour, votre pensée positive. Et restez à côtés encore si vous le voulez bien.

1 MOIS DE VOUS, DE NOUS

1 mois de vide

Cela fait 1 mois que j'ai accouché, 1 mois sans mes bébés, 1 mois de questionnements quotidiens, 1 mois d'incompréhension, 1 mois de vide.

Ces semaines ont été périlleuses, les montagnes russes en permanence.

La chute libre des hormones post-accouchement et sans doute ce syndrome post traumatique qui ont bercés mes journées de pleurs, de peurs et de doutes.
C'était naturel, sans « trop en faire », c'était inconscient.
Je suis passée par pas mal d'émotions, le déni complet de ce que j'avais traversé, et toutes ces questions qui m'obsédaient.

J'ai refusé de voir mes bébés à la « naissance » (*d'autres préféreront le mot accouchement peut-être plus approprié ici*), parce qu'à 4 mois de grossesse, ils ne sont pas totalement finis d'être formé comme un bébé à terme. D'un commun accord avec mon conjoint, nous avons préféré les imaginer et ne pas les voir.

Il faut savoir que lorsque vous accouchez d'un bébé mort-né, vous ne serez pas préparés à l'après niveau administratif et du personnel de l'état civil gérant les décès.
On vous donne un tas d'informations après les faits, après coup, et je pense qu'il serait judicieux de préparer les parents à tout cela (*les parents sachant déjà que leur enfant est décédé in utero*).
Vous refuserez peut-être des choses à l'instant T mais que vous voudrez quelques semaines, mois voire années après. Et c'est normal.
Il y a peu de temps, nous avons fait reconnaitre nos enfants auprès de l'administration, à l'état civil, et nous allons obtenir notre livret de famille où il sera inscrit le prénom de nos deux petits garçons qui n'auront pas eu la chance de voir la lumière du jour mais qui auront été présents dans mon ventre, et dans le coeur et la tête de tous nos proches.

C'est une avancée majeure, et nous ne souhaitions pas forcément le faire sur le moment, mais tout simplement légitime et normal de les faire reconnaitre, de leur accorder leur existence, car oui ils ont existé jusqu'au bout.

Nous sommes à présent une famille sur papier et dans nos coeurs, parents de deux petits garçons, Tom et Constant sont et seront présents en nous, et autour de nous.

« Maintenant qu'il fait tout le temps nuit sur eux ».

C'est énormément d'émotions, énormément de soulagement de pouvoir faire ça pour eux et pour nous, pour avancer. Mais également beaucoup de peine et de chagrin de ne pas les avoir connus comme on aurait du.

A ce jour, après 1 mois, nos petits sont partis rejoindre les étoiles, un monde où tout est surement plus calme.

Nous avons souhaité récupérer leurs affaires après beaucoup d'hésitation, car il faut en effet savoir que la maternité laisse aux parents le choix de reprendre bracelet de naissance, empreintes et photo.

Oui, oui, vous avez bien lu, photo ! Et croyez-moi quand vous êtes à l'hôpital *(j'ai du mal avec le mot maternité dans mon cas)* et qu'il s'est passé que quelques heures depuis votre accouchement, et qu'on vous propose la photo de vos bébés mortsnés… comment vous dire que c'est plutôt normal de décliner l'offre gentiment.

Si vous n'avez pas envie de suite, tout sera gardé aux archives *(et dans votre dossier médical)* et à tout moment vous aurez le droit de consulter cela, peu importe quand. C'est votre droit.

Alors, aujourd'hui, nous avons envie d'avoir un peu d'eux avec nous, nous voulons tout récupérer sauf cette fameuse photo (*que nous ne souhaitons absolument pas voir, tout du moins pour le moment de peur d'être choqués*).

J'ai besoin d'avoir une trace, j'ai besoin de ne pas oublier, mais d'avancer, et je refuse toujours de sombrer plus bas.

J'ai aussi envie qu'ils soient fiers de nous, du parcours que nous faisons pour eux et pour nous, et leurs futurs frères et soeurs (*nous l'espérons de tout notre coeur*).

Le temps passe vite et si lentement à la fois. Il reste du chemin à parcourir, et nous ferons tout pour y parvenir, et parvenir à notre rêve.

Je répète encore et encore, que mon but n'est en aucun cas de choquer qui que ce soit. J'ai toujours écris dans les moments difficiles, ça me soulage, et je pense que c'est important que les personnes autour de nous qui ne nous comprennent pas forcément essayent de se rendre compte, et l'information de ce genre de situation ne peut pas faire de tort, c'est un sujet bien trop tabou encore de nos jours.

Je conseille vivement à toutes les personnes, tous les parents ayant vécu une situation similaire, de parler, seule face à son écran, ou auprès de professionnels référencés en la matière, ou lors de groupes de paroles afin d'échanger, de craquer, et de vous libérer du mieux que vous le pourrez.

Ne m'en voulez pas, ne nous en voulez pas, nous faisons tout ce que nous pouvons pour avancer sereinement, main dans la main, et accompagnés.

LA VIE PASSE

Il y aura toujours un élément déclencheur pour mon sujet tabou, ce chapitre énorme qui fait partie de moi, pour me rappeler à quel point je suis fragile, à quel point je souffre intérieurement.

Je pensais que j'allais mieux mais en fait, c'est ce dont j'essaie de me convaincre chaque jour.

C'est un masque que j'enfile chaque jour auprès de mes patients, de mes proches en leur disant que ça va, alors qu'il en est tout autre. J'ai mal en moi, j'ai mal à l'intérieur de mon coeur. Il est blessé, meurtri.

Je suis vide, même la douleur des autres choses ne me fait rien à ce jour, comparé à la douleur de cette perte qui reste vive et intense.

J'ai peur, je doute de tout pour le futur que je me suis promis.
J'ai des pensées étranges qui me traversent l'esprit parfois, et je ne sais même pas expliquer pourquoi je pense ceci.
Est-ce normal de vouloir un bébé après tout ça ? Est-ce que je suis normale ? N'est-ce pas remplacer les jumeaux par un nouvel être ? Après ça, vais-je les oublier ?
J'ai peur avant même d'avoir commencer à nouveau une grossesse.

J'ai mille questions en tête, j'ai mille maux dans mon être, j'ai besoin de crier ma peine, et ma colère au monde entier. J'ai besoin qu'on entende, que bordel, ça fait mal de devoir à supporter tout ça à chaque jour qui passe.

Et chaque jour qui passe est un nouveau jour sans eux.
Ça fera bientôt 2 mois que tout s'est arrêté, que tout s'est envolé en fumée, et qu'ils sont partis rejoindre les étoiles. Ça me parait si loin déjà, avoir tout, et puis, plus rien. Du jour au lendemain, passer des larmes de joie aux pleures intempestifs et

désordonnés.

Je ne comprends pas ce que je suis en train de traverser, ni pour quelle raison. Mais visiblement le chemin sera long, périlleux et semé d'embuches.

Dans un vaste coin de ma tête, j'espère apercevoir un arc-en-ciel bientôt, même si je le sais d'avance, il y aura énormément d'angoisses, et de questionnement.

J'imagine un lendemain meilleur, je sais faire ceci, mais comment vais-je le supporter ?

Je sais que je dois arrêter de penser, et laisser faire les choses, je le sais pertinemment, mais j'ai ce besoin de contrôler pour me sentir bien et en sécurité.

Je ressens un manque énorme, la sensation que la vie m'a abandonnée pendant l'espace d'un instant. A n'y rien comprendre. Pourquoi la malchance s'est-elle mise de notre côté ?

Quel est la bonne nouvelle qui prendra le dessus ? Rien du tout…

Il y a toujours pire face aux situations qu'on rencontre au quotidien, mais cette fois-ci je pense m'être retrouvée face à une des pires situations qui puisse exister en cet univers.

Mon esprit a besoin de calme, d'amour, de futilités, de repos.

Le chemin sera long, mais j'aimerais plus que tout en sortir plus forte et apaisée avec le temps.

Je reste persuadée qu'un bébé arc-en-ciel m'aidera à traverser cette épreuve, m'aidera à avancer, m'aidera à donner tout cet amour que je veux transmettre, m'aidera à aller « *mieux* », m'aidera à faire du mieux que je peux.

LE POUVOIR DE L'ESPRIT

Une partie de moi est morte le jour où on m'a pris mes enfants, ces bébés que je chérissais déjà tant dans mon coeur..
Un arrachement, un abandon, deux vies envolées dans ce ciel.

Ça fait des semaines que mon esprit est torturé entre l'espoir qu'un jour un petit miracle s'installe et prenne vie en moi, et entre l'angoisse que je ne connaîtrais donc jamais ce que c'est d'être une maman comblée de bonheur par son enfant né vivant et en pleine santé.

Le fait d'être reclus, a ne voir personne, à parler par écran interposé, à pleurer d'énervement pour l'injustice auquel on fait toujours face. Quelle sale période. Et Noël arrive, une période censée être chaleureuse. Et qui me rappelle à la fois qu'à compter de Noël les jumeaux auraient pu débarquer à n'importe quel moment dans nos bras, dans nos vies bien vivants.

Il en est tout autre aujourd'hui.
Chaque jour est un combat infini. Chaque jour, c'est une lutte contre les pensées excessives, ces images, ce film qui se retrace. Cette spirale infernale dans laquelle je suis.

C'est dur, et je ne pensais pas en être là quasiment 3 mois après. Si loin et si frais à la fois. Que seront les prochains mois ?

Je respire parce que c'est inconscient mais en moi c'est comme si j'avais le souffle coupé depuis 3 mois. Meurtrie, blessée, humiliée, fragilisée...

J'aspire à la libération, j'aspire cet arc-en-ciel.

Patience, encore et toujours.

3 MOIS DÉJÀ

J'ai cette impression que chaque jour qui passe est encore plus dur que celui d'hier. Je suis angoissée au quotidien de tant de choses, que j'ignore moi-même, que je me crée des douleurs articulaires qui font souffrir physiquement au quotidien ces derniers temps.

J'ai mal, j'ai mal physiquement, j'ai intérieurement, mon coeur est prêt à exploser. J'ai peur, si peur de l'après et si peur de l'attente. Une attente si redoutable au plus les jours passent.

Beaucoup, trop même, d'inquiétude quant à une future grossesse qui, j'ai l'impression, ne veut pas arriver.

Par pitié, ne me dites pas que c'est dans ma tête, que je me mets la pression, que je dois me relaxer, je n'y arrive plus. J'ai perdu l'espoir de voir une lumière, de voir la sortie du tunnel.

Je suis privée d'une chose la plus merveilleuse qui soit, être maman. Je suis résumée à ce moment précis à n'être qu'une mamange, les bras ballants, le coeur vide, et les yeux remplis d'eau.

D'autres me diront « *mais enfin Marion c'est quoi trois cycles dans une vie?* » Et bien trois cycles à attendre ton arc-en-ciel c'est une éternité, c'est l'espoir d'un peut-être, et la chute quand le négatif se présente à toi, c'est imaginer que ce sera ce mois-ci la bonne nouvelle, et au final désespérer un peu plus que rien n'est encore là.

J'ai mal, j'ai vraiment mal. J'entends « *garde espoir* » d'un peu partout, mais j'y arrive plus. Je veux le garder cet espoir, même infime, mais on dirait réellement que ça ne veut pas. Pourquoi est-ce que c'est si long ? « *Mais ça ne fait que 3 mois Marion ! Ca reviendra quand ton esprit et ton corps seront remis peut-être* ». Jamais alors ?

Je ne sais plus comment expliquer ce que je ressens, ce que ma pensées me chuchotent.

Je suis obnubilée par l'envie de materner, par le besoin de cajoler, par la crainte de vivre une seconde grossesse, un jour je l'espère tellement plus que tout.

Beaucoup trop de sentiments, beaucoup trop d'émotions.

J'ai pas fini de chouiner, j'ai pas fini de me plaindre, et j'ai pas fini de parler et de crier au monde entier à quel point j'ai mal, à quel point ça m'a détruit, et à quel point j'ai peur d'un futur qui n'existe pas encore.

On m'a pris ce que je chérissais le plus au monde, un rêve des plus précieux, comme si, non je n'avais pas le droit d'être une vraie maman à part entière, comme si plus jamais je n'aurais cette chance.

Je ne peux pas arrêter de me prendre la tête, je n'y arrive pas. Et cette période est nulle et horrible, je n'ai jamais autant détester les fêtes de fin d'année que cette année.

D'ailleurs, je pensais avoir vécu de sales années dans ma vie, mais c'était avant de connaitre celle-là, 2020 de mes deux oui !

A ceux et celles qui croient en quelque chose, priez pour nous, croisez les doigts, n'importe quoi, nous vous en serions reconnaissants.

Il est temps que tu arrives mon arc-en-ciel, sans toi ça risque d'être encore plus compliqué, j'ai besoin de toi, je t'attends, encore et toujours.

CLAP DE FIN

Le déni et la non acception ont fait que je n'ai pas souhaité les voir d'un commun accord avec mon conjoint.
La tristesse et le malheur ont alors envahi mon cœur à tout jamais.
L'amour que j'ai pour eux pourrait rendre les choses plus faciles à accepter peut être me disais je souvent, mais en réalité il en est tout autre.

Pourquoi est-ce que j'ai l'impression de me sentir si malheureuse ? Si perdue ?
J'ai l'impression que je n'y arriverais jamais, que je me suis perdue dans une spirale infernale, un enfer, mon enfer.

Autant des fois j'ai besoin de parler, autant des fois j'ai aussi besoin qu'on me fiche la paix, quitte à rester un peu éloignée des gens.. et ne pas avoir à supporter leur bonne humeur.

Lâcher prise ? La seule et unique chose qui m'empêche de vivre ma vie comme je l'entends et surtout comme je le voudrais.
Si quelqu'un a la solution miracle au lâcher prise, qu'il n'hésite pas à me donner sa recette.
J'aimerais tellement que tout soit fluide, que je retrouve cette patience, la magie de l'attente et de la surprise.
Tout est beaucoup trop long.
Les choses ne se déroulent jamais comme on l'envisage. Je ne sais pas pourquoi.
J'ai mal, j'ai toujours mal, je ne guéris pas, je survis avec toutes mes blessures que j'essaie de panser chaque jour un peu plus.
Mais pourquoi c'est si long ? Qu'est ce que j'ai loupé ? Qu'est-ce que je fais de travers pour que ça prenne autant de temps ?
Lâcher prise ? Comment lâcher prise quand vous êtes obsédé par quelque chose que

vous désirez plus que tout ? Et qui ne vient pas ou plus ?

Parfois j'aimerais me réveiller de ce cauchemar qu'est l'année 2020. Parfois j'aimerais écrire de jolies choses que j'espérais tant jusque là.

Parfois j'imagine le futur que je souhaite mais je reviens à la réalité et je n'ai toujours pas ce que je chéris tant.

J'ai mal, j'ai toujours mal et je ne guéris pas, je survis un peu plus chaque jour.

On a pris la meilleure partie de moi.

Syndrome Transfuseur-Transfusé

Cette pathologie intervient dans le cadre des grossesses monochoriale-biamniotique, c'est-à-dire quand les bébés partagent le même placenta.

Les échanges entre les bébés ne se font pas correctement, les connexions sont déséquilibrées, ce qui peut provoquer une disparité au niveau des échanges sanguins.

Le sang d'un des jumeaux va donc passer dans celui de son frère.

Le frère transfusé aura une surcharge de volume sanguin, qui compensera de suite avec une augmentation de la production d'urine qui entrainera une augmentation du volume de liquide amniotique.

L'autre bébé aura moins de sang ce qui provoquera une anémie, également une production moindre d'urines avec une faible quantité de liquide amniotique.

Le jumeau transfuseur sera le plus faible des deux bébés, et c'est celui qui présentera le plus de risque de décéder, pouvant entrainer également la mort de son frère.

Les phrases qui font mal

C'est une phase critique, ignoble dans la vie de parents de perdre son enfant peu importe l'âge qu'il a.

Certaines personnes ne comprennent pas forcément si cette perte est réelle ou non.

« C'est comme ça »

« Tu en auras d'autres »

« Tu es encore jeune »

« Va de l'avant, la vie continue »

« Il faut que tu passes à autre chose »

« C'est pas comme si ils avaient existé »

La liste serait bien trop longue.

Chaque personne fait son deuil à sa manière, chaque personne prend le temps qu'il lui faut pour accepter d'avoir subi la perte de son bébé.

C'est long, oui il faut du temps, mais le temps a toujours bon dos.

Le temps fait les choses mais le temps est lent et rapide à la fois.

La vie est un éternel paradoxe.

Personne n'a le droit de juger de comment on vit un deuil. Chaque histoire est différente.

Si tu n'as jamais vécu cela, tu ne peux pas comprendre ce que c'est réellement, et je ne le souhaite à personne.

Prenez le temps, quelques minutes pour comprendre ce qu'il s'est passé, si la personne souhaite vous l'expliquer. Dites lui simplement que vous êtes là pour elle, que vous la soutenez. Joignez vos pensées aux siennes.

Chaque histoire est différente, ce qui signifie que toutes les mamans qui ont perdues un bébé in utero ne font pas que des fausses couches, il y a parfois autre chose.
Quand une maman vous dit qu'elle a accouché, c'est qu'elle a vraiment accouché, ce n'est pas une métaphore, essayez d'écouter et d'entendre ce qu'on vous dit si vous êtes prêts.

Le soutien est primordial, et la bienveillance est de rigueur.
Laissez du temps à la personne pour venir vers vous si elle ne le fait pas d'emblée, mais vous, envoyez lui un message pour lui dire que vous pensez à elle, elle ne l'oubliera pas, je peux vous l'assurer.

Vous savez mes fils, si on m'avait dit ...

« J'y pense chaque jour, à chaque moment, Tom et Constant sont en moi et dans ma tête.

J'ai trouvé des occupations pour palier à la colère et la tristesse.

Mon coeur s'est serré, il s'est presque arrêté quand on m'a dit que mes petits, en plus c'était des garçons, ne pourraient jamais voir la lumière du jour, et qu'on ne pouvait pas les sauver.

Je suis sur le banc de touche, je ne suis plus dans le « game », le temps parait suspendu.

C'est dur, ma compagne est au plus bas, et je ne peux pas me laisser abattre, il faut que je sois présent pour elle. Et que je tienne pour elle.

Dans ce moment atroce, je me suis rendu compte que la vie ne tenait qu'à un fil.

Je me suis senti soutenu de par ma famille et mes amis proches, qui nous ont demandés des nouvelles chaque jour durant l'hospitalisation mais également après. Et c'est tellement essentiel, ça change tout.

Rencontrer d'autres parents endeuillés n'a pas été une mince affaire, mais à ce moment là, je me suis senti compris, et je n'étais plus seul avec ma compagne. Je me suis retrouvé dans les paroles d'autres papas présents ce soir là.

Je suis revenu à la case départ, mes fils ne connaitront jamais mes loisirs que j'aurais tant aimé leur faire partager.

Ma tristesse est profonde, et immense, j'essaye chaque jour d'accepter un peu plus leur perte, et de me concentrer sur l'instant présent, et sur les petits bonheurs simples du quotidien avec ma compagne.

Je suis plus facilement colérique peut-être, mais je garde espoir, et je sais que nous aurons, un jour, notre revanche sur la vie et la mort. »

REMERCIEMENTS

C'est une période délicate de ma vie, des instants sans dessus-dessous, où je me suis retrouvée à trente-six lieux sous terre, et où je suis encore en apprentissage, et en voie de guérisson. Un pas devant l'autre.

Nombreuses sont les personnes qui m'ont aidées et accompagnées, et ça me fait encore tellement chaud au coeur de vous savoir si bienveillants, si présents pour moi, dans les bons comme dans les mauvais moments.

Famille, amis et connaissances, merci de vos paroles, merci de votre non-jugement, merci de votre soutien régulier voire quotidien, merci de me donner de l'espoir à chaque jour qui passe, merci de croire en moi et en l'avenir qui m'attend toujours.

La liste est longue mais je tiens à en citer quelques-uns.

Maman et papa (Philippe), même si à force on ne sait plus quoi dire, on sait qu'on s'aime et c'est le plus important.

Audrey, ma marraine de coeur, et son mari Antoine parce que les liens du coeur sont parfois plus forts que les liens du sang.

Anne et François, mille merci de ce que vous nous avez apportés et de nous accompagner encore aujourd'hui.

Elise et Margaux, votre discrétion et vos messages de bienveillance m'ont fait du bien.

Sandrine et Anais, merci d'avoir pensé à moi.

Bernadette, Jean-Marc, Bérangère, Maxence et leurs enfants, quelle chance j'ai d'avoir une belle famille comme la vôtre, merci d'avoir été là quotidiennement face à ce drame, merci de nous avoir accompagnés dans notre souffrance la plus profonde.

Les cousines (Tifaine, Camille, Lucinda, Gwenaelle, Clémentine, Lucille...), vos pensées m'ont réchauffé le coeur.

Emmeline, ton aide et ton écoute à ce moment si particulier de ma vie sont de merveilleux cadeaux, je n'oublierais pas.

Tiffany, Marine S, Marine N, Estelle G, Estelle C, Céline, ce que je souhaiterais exprimer est au dessus de tout cela, je suis très touchée de ce que vous m'avez apportées à ce moment précis.

Ludivine et son conjoint Gregory, merci d'avoir pensé à moi, d'avoir été si présents, et gentils, vous avez un grand coeur.

Anais, Charlène et Lise, dans les pires moments de ma vie, j'ai pu compter sur vous, sachez que je n'oublierais pas, votre soutien a été précieux pour moi et le sera encore.

Benoît et Justine T, merci de vos mots, et de votre soutien.

Ghislain, Pierre et Doriane, mes amis musiciens, énormes mercis pour vos messages, vos pensées, et votre bienveillance au quotidien durant cette épreuve.

Merci à tous les autres que je ne peux citer, la liste serait beaucoup trop longue, merci de votre présence, merci de vos messages, de votre soutien, de votre compréhension, d'ouvrir les yeux sur ce qui peut exister, merci.

Merci de votre aide, quelle qu'elle soit, sans vous cela n'aurait pas été pareil.

Vous êtes tellement importants dans ma vie, ne changez pas.

MILLE MERCIS

ABOUT THE AUTHOR

Marion Helena Maréchal

Infirmière libérale de métier, et mam'ange de deux petits garçons partis trop tôt.

Je suis très impliquée dans ce sujet très tabou aux yeux des français, mais un sujet qui doit être connu et auquel certains parents font face chaque jour, car malheureusement, ça n'arrive pas qu'aux autres.

J'écris pour me libérer, pour soulager mon esprit si embué, mais également pour libérer la parole sur ce sujet qui fait peur.

Printed in France by Amazon
Brétigny-sur-Orge, FR

18723096R00040